Acceso a la vida
María José Pérez Grange

Colección Baños del Carmen

María José Pérez Grange

Acceso a la vida

EDICIONES VITRUVIO
Colección Baños del Carmen,
nº 995

www.edicionesvitruvio.com

Primera edición, 2024

© María José Pérez Grange

© Ediciones Vitruvio
C/ Menorca, nº 44
28009
Madrid
Tlf: 91 573 2186

ediciones vitruvio, nº 1. 636
ISBN: 978-84-128203-6-2

Acceso a la vida

ALGÚN PARQUE

En algún parque se verá la huella de mis pasos
y quizás aún resuene la última canción que humedeció mis ojos.
El banco donde reposé un momento,
al que confiaba mis pensamientos más puros,
seguro recuerda todavía esas lágrimas
surgidas a pesar mío
y que nada iban a cambiar.
¡Eran tan sólo un respiro
entre tantos devaneos
que sin solución ataban mi alma
en la luz también mortecina del adiós del día.
Algún pájaro bebió de mis ojos
llevándose algo de mí en sus alas.
He de volver y buscar ese banco mío
tan leal confidente,
ese pájaro huidizo que supo alargar mi pena
más allá del cielo.

AQUELLA INOCENCIA

La inocencia hizo de él
presa fácil.
Cediendo al destino la primitiva ilusión
tendió los brazos a una luz engañosa
y le fue atrapando
en su oscuridad.
Ninguna voz.
Ninguna mano en su frente
apagaba el ardor.
¡Qué ignorancia,
qué osadía!
Creyó en su libertad
y era una mano ajena
quien con él jugaba.
¡A qué velocidad iba pagando tan alto precio!
Si ahora pide razones
nadie responde.
Y el viento de hoy le sume en su propia vorágine.
Viento tacaño
que no devuelve lo perdido.

ME FALTAS, AMIGO

Compañero en las horas difíciles,
guardián de mis sueños primeros.
Leal confidente de todos mis secretos,
aún aquéllos que nunca he revelado,
Son tus labios un muro resistente
ante cualquier curioso impertinente.
En mis fracasos, ayuda,
en la dicha, aplauso enardecido.
Fuiste tú la sombra de mis actos
y con tu mano me alzabas en las caídas.
¡Cómo no ser agradecido,
cómo no rendirte pleitesía,
si lejos de ti yo no era nada!
Faltas hoy, cuando he levantado el misterio
ante la clara luz que todo lo disipa,
cuando te necesito vivo
para hacer de mi vida un voto nuevo,
voz que deja paso a la alegría
de haber vencido a pesar de todo.

MOMENTOS PASADOS

Sirvo a la ley del tiempo
tiñendo el monte de esta mi soledad,
cuando tu mano no siento en el corazón
sin rumbo posible hacia un eterno paraíso.
Sólo hay recuerdos
y ninguno es tan poderoso
que empuje mis pasos hasta los tuyos.
Hay en la muerte de cada día una ausencia
que se borra tan sólo al soñarla bajo los luceros.
Sobre sus cenizas se yergue el olvido
y a su sombra me abrazo vigoroso.
Aquellos momentos son un recuerdo
que en el perfil del camino
se vuelven niebla
y en el sol se derriten como escarcha.

ARRANCAR UN AMOR

Duele arrancar un amor
después de tanto tiempo.
Ver su sombra desvanecida
en la íntima soledad.
Ven a consolar esta ausencia
encadenada al olvido,
trenzada entre lágrimas y risas,
cuando el sol ya bajaba los párpados
y era tan sólo juego el día.
Seguir impasible es difícil,
merman las ansias de estar anclado a la vida.
Es presencia en la ausencia,
sólo un pálpito interesado en seguir vivo.

BRUMA EN LA VENTANA

La bruma en la ventana
trae todos los silencios.
De nuevo ayer venció la luz a la noche
y hoy cantan los pájaros en la primera hora.
El sauce antiguo hunde sus ramas en el río
agradecido a su compañía
y no dudo en decirle mi soledad.
No sé cómo se apodera
ni desde cuándo ha nacido
en este frío silencio del campo solitario
en estos ecos de amor y de vida,
de mariposas cerniendo tanta paz.
Soledad donde el pensamiento se siente tan distinto,
incomprendido.
Busco caminos de vuelo,
compañero de este andar obligado
que es mi andar.

CERCANA LA SOMBRA

Ahora que la oscuridad es más cercana,
voy dejando en la orilla esos bártulos del pasado,
que ya no dicen nada,
y la melancolía envuelve aquellos sonidos gastados
en un manto huidizo que dejo ir.
Libre de pensar en mi victoria, sólo mía,
me asombro de ser, simplemente.
Frente al ocaso, la gracia creadora, gratuita,
espejo de todas las mañanas.
No pregunto, sólo espero con paz
la nueva luz,
íntimo rosario de justa aquiescencia
que hoy remansa entre latidos de ternura.
Al pie de la montaña vetusta
contemplo satisfecho mi pequeño universo
sabiéndome ignorado,
y en silencio ofrezco sus rosas
a este aire venido de lejos.

COBARDÍA

Siempre pierdo el curso de las horas
cuando me sumerjo en ti.
Absorbes mi ser,
te apoderas de mi voluntad
y dejo que fijes las normas.
Tal es el efecto que has creado en mí.
Veo con tus ojos y tus manos son las mías,
sueño por debajo de tus párpados
como si mi ser fuera el tuyo.
Si faltaras…
No sé quién sería yo.
Si te alejas, derivo mis pasos al absurdo,
mi sentimiento aridece y el corazón se nubla.
¿Cómo separar mi alma de la tuya?
¿Por dónde buscar un aire distinto?
En esta pobreza mía hay algo de cobarde desatino.

COMO UN DIAMANTE

Como un diamante puro,
el secreto que me diste.
Como una voz callada, mi voz.
Tesoro recóndito,
que en silencio aumenta su brillo
y desconocido se hace fecundo,
es tu palabra.
Yo conservo su belleza,
no importa el tiempo que ha pasado,
ni las lluvias que tanto han barrido sus pasos,
ni todo el clamor de la gente corriendo ignorante.
Es un jardín despierto que llama a la vida,
razón por la que apuro las horas,
refugio inmenso, mi refugio de dicha.

DANDY

Hecho un dandy vas entre la gente,
miras por encima del hombro
con un paso estudiado
creído en una alcurnia inexistente.
Poder que nadie te ha otorgado, tu propia sombra.
Un niño te ha mirado, lo desprecias,
ciego colmado de ti mismo.
Juventud de pájaros cautivos
donde no hay hermanos,
entre copas que brindan altaneras
cuando hasta el ave más altiva
acaba al fin borrada en el ocaso de la tarde.
Vanos serán los agrados placenteros
la sonrisa obediente, aduladora,
ante la caída decrépita del olvido
sin otras manos que las tuyas.

DESHEREDADOS

Agachan la cerviz,
arrastrando el dolor de cualquier tipo.
Suspiran al aire incomprendidos
sin la esperanza de una nube redentora.
Sin horizonte,
se dejan caer.
Les moja la lluvia
y el frío encanece más sus ajadas sienes.
Nadie les ve,
Ninguna voz les alivia
la vida triturada en el molino del infortunio.
Van cayendo en cualquier rincón
bajo la mirada lastimosa de los álamos.

EL ECO DE UNA TERNURA

Te recuerdo
siempre que una mano tendida a otra encuentra,
cuando en el auge de la derrota aún consigo
la fuerza para un paso más.
Si el atardecer muestra una melancolía
recogida en las nubes
que mandan un guiño cómplice al sol.
Al ver nacer el día
te apareces sonriente
con toda la confianza puesta en el misterio venidero.
Ante la ola que barre la arena en bucles resuelta,
ante el pájaro que canta solitario lo más hermoso
y no le importa si alguien le escucha.
En el toque de la pequeña ermita,
oración recogida en los montes,
perdida a lo lejos.
Esa ternura tuya aún existe,
no morirá mientras puedan mis ojos saberla encontrar.

ENTRE OTROS

Me contemplo vivo entre la gente,
esa ignorante nebulosa que mira sin ver.
¿Es un sueño,
o estoy empeñando mis horas
en un vuelo furtivo?
¿Imposible?
Oigo campanas
¿Dónde?
¿A quién convocan?
Traen una esperanza de primavera,
de hogar,
de otros.
Libra cada uno
una guerra en el asfalto
que aún podría convertirse en yerba
con algo del rocío amoroso de la ternura.

HUYE LA ALEGRÍA

Nace al alba la alegría,
pero tan pronto llega se despide
huyendo de mi casa ennegrecida,
ciega ante mi deseo
florecido aún más en la mañana.
¡Cómo retenerla aunque sea por un rato,
llamarla por su nombre
y ofrecer ante ella un sacrificio a su hermosura!
Si los pequeños gorriones te conocen
y ríes entre las flores de los huertos,
si es tuya la vida al fin y al cabo,
¿cómo desoyes mi ruego enardecido?
Si te quedas aquí,
aquí mismo haré mi nido,
un nido de pétalos y risas,
de estrellas y luceros.
Con el amor como guardián ante las puertas del olvido.

ÍNTIMO

Fuera ya la noche de mi morada,
lleva prendidas las negras alas de la pena.
Se ha poblado mi universo de fuerza mía
de voluntad acerada en el esfuerzo.
He guardado la belleza desde aquella mañana
y sigue viva diseñándome,
a mi lado cuando vuelo,
a cada paso.
Me abriga del frío mortecino
que enmarca tantas cosas vanas,
limpia el llanto con la alegría de su plenitud.
¿Por qué no respirar a fondo de una vez por todas,
en la misma soledad de siempre,
ahora con un solo dueño,
yo?

DÍAS GRISES

Cuesta ver toda esta fragilidad
como un puente entre las nubes
que lleva a la victoria de la luz.
Sólo el deseo de no quedar anclado
en el silencio del fracaso
empuja a seguir,
aunque la densa niebla se empeñe
en devorar el corazón.
Es una huida a través del miedo,
la soledad y la rutina.
Soñando una aurora permanente,
una vida en toda su dimensión.
¿Quién no ha sentido su propia humanidad a la deriva,
la inseguridad de los párpados abiertos a la nada?

MAÑANA Y FRÍO

Está fría la mañana
en el callejón donde anido
y el silencio se hunde en el alma
con un retazo de nostalgia.
Hace falta volar
hacia algún rincón donde haya florecido
un manojo de rosas tardías
y algún ruiseñor despistado se atreva a cantar.
Quién dirá que en este día acerado no hay vida,
quién reposará en mi afán por desnudarlo de invierno.
Quizás en un banco haya caído un poco de rocío
y pueda mi lamento cobijarse en él.
Al calor de mis manos tendidas se vendrá un lucero
tembloroso, ingenuo.
Acaso sea yo mismo quien le preste el amor que nunca tuvo.

DESPUÉS DE TODO, UN VACÍO

Todos los pájaros del día
se marchan dulcemente,
dejándome en la constancia de un fervor nuevo.
Hieren ahora las ausencias,
el recuerdo de los que no están
y fueron los guías de mis horas.
Acuno suavemente sus retratos
al compás del corazón
y sé que la vida es un regalo
para devolver engalanado y firme.
En el silencio eterno de la noche
se reparte el amor entre ayer y ahora,
el sueño y la aurora venidera.
Soñar despierto que el nuevo amanecer
será mejor,
Con la savia renovada
en el deseo de no ser infiel
a tanta esperanza como en mi pecho guardo.

MI VOZ

Mi voz se oculta y a nadie importa.
Cubrirá el tiempo de polvo compasivo las veredas
y otros remansos de paz aparecerán.
Allí donde lata la ignorada palabra que era mía,
impregnará las piedras, los muros o el mar.
Y alguna paloma insistente hollará el recuerdo volando con ella
sin saber que es portadora de un mundo entero,
sin conocer qué ojos la miran o qué pincel la inmortaliza.
En la sabia energía que tiene el cosmos,
en esa caprichosa nostalgia de idas y vueltas,
puede que aquella palabra anide en algún corazón
atento a la fragancia natural y amorosa que es ternura,
donde se besa el aire y el árbol del ocaso encendido.

MIS FLORES EN TUS MANOS

Permite que te hable prolongando un pulso conmigo,
por saberte diana de los ecos
de este andar solitario,
tan agudo cuando el sol se rebaja y se hunde
tras los tejados dorados todavía.
Me siento vivo aun cuando me escuchas sin hablar
y no te extraña el dolor de mi paso,
creado quizás por tantos cómplices
de una aurora nunca destruida.
Recogerás mis flores, anunciando la dicha de ser mías,
y en mi sombra, dudosa aún, volverás a plantarlas
cuando el día renueve la luz primera.
Ya no ha de romper su brillo el viento o el aguacero.
Testigo serás de las hierbas mimosas,
de su cálida ternura.

ANTES

Sin queja se evapora el aire
bajo el sol tan amarillo.
¡Ay,
aquellos paseos de ideada lentitud
que hacían bostezar al tiempo
y robarle algunas horas!
El transcurrir de las cosas sencillas
y las sencillas casas
con sus puertas tan abiertas.
Cuando la noche y el día eran iguales
para el alma ocupada en vivir.
Recuerdos que en sueños se convierten
durante una vigilia que la esperanza alienta
a duras penas.
Y a duras penas respira el aire
agobiado por el peso de la duda.

BANCO SOLITARIO

Veo un banco solitario tras la lluvia.
Estará lejos el sol dando su fruto,
al margen del rigor de esta mañana.
Yo me encuentro conmigo
entre todas las hojas de mi suelo
soñando que mis pasos remozados
van hollando todos los caminos
que hoy no puedo mirar por este frío.
Aguardo la mano amiga de la aurora
posada en mis ojos aún cerrados
tapando el desengaño
de no ver lo ya visto,
o quizá algún fruto hurtado al tiempo.
Soy un corazón latiente frente al cosmos,
una gota en el mar infinito
que sueña con brillar en otros mundos,
mundos que acaso sean sólo sueños.

MUJER

Sin medir las fuerzas,
un breve saludo al día
y un impulso, costumbre ya.
Cada hora, una secreta flor ofrecida al cielo.
Sabiendo las mentiras y a pesar de ellas,
siempre adelante,
contra el eco del fracaso y la niebla.
Amor sin saberlo,
como ignoran las flores su destino,
como no piensa la lluvia dónde va a caer.
Mujer, esa palabra que lo dice todo.
Cobijo al que nada puede robar la ternura,
ningún huracán borrará su recuerdo.

NUEVO HORIZONTE

Dará el almendro las flores más hermosas
cuando salgas a mi paso
abriendo un poco de tu misterio inexorable.
Cuando pueda iluminar claramente su vereda
el día que no muere aunque venga la noche
y las dudas se hayan negado a nacer.
Entonces sobre la hierba mullida
y con paso tembloroso
se abrirá el horizonte
dejándome volar tan libre como el águila
por encima de las montañas,
en cuerpo a cuerpo con el viento.
¿Qué dirán entonces las cenizas
de todos los fracasos
y los días de niebla que ahogaban
el canto melodioso de las aves?
No importan ya las respuestas
sobre el páramo marchito y solitario
que fue mi casa tanto tiempo
y aún no ha llegado a conocerme.

PACIENCIA

Con paciencia y ternura he de mirarme,
más aún si se deshace la arena ante mis pasos.
Es paciente esa fuerza gratuita que todo inunda,
como rocío de perlas muy pequeñas
sobre la yerba que las bebe
creciendo cada aurora más y más en su belleza.
Soy todavía un anhelo
que se funde cual olvido entre la niebla
y deja ver
lo que antes era sombra y hoy es día.
Cómo, si no,
implorante de amor voy a excusarme,
cómo ofrecer a otros mi andadura,
si con amor no mido cada aurora
y sus flores en la noche prometidas.

PEREGRINO

Peregrino de caminos infinitos
que no son míos,
cuando puedo apagar mi sed me vuelvo una canción.
Dudando siempre si al sol o a la sombra,
siempre queriendo saberme.
Entre las hojas del árbol que al aire se mece
albergo un cansancio de siglos,
un lamento que llevo al aire.
Enfrento a las nubes que mi sien rodean,
a la tempestad poderosa sobre todo y dueña.
Caminante de tantas veredas
que en el campo se hunden
como cerrando el día.
¡Cuántos como yo han transitado
entre estas piedras,
queriendo ver más lejos,
sin ver!

PIEDRA EN EL RÍO

Fue la mentira
la que hirió el resto de inocencia,
en el charco donde se miran los ramajes
con un cierto frío de nostalgia.
Saco al alba mi equipaje,
busco otro horizonte
donde el peligro no acecha como antes,
una vez que ha sido desdeñado.
El día me creyó dormido,
era un suspiro,
como gota en el mar que ni siquiera le roza,
o canto de río dejado desde siglos en un recodo.

DESCONCIERTO

Un frío sube por la espalda,
¿dónde estoy?
Esta niebla ha venido de pronto,
me hace dudar.
¿Sueño?
A nadie oigo, una corazonada cierra mi garganta.
¿Lloraba la noche bajo la fina lluvia,
o eran mis lágrimas?
Sé que ayer tuve miedo de perderme entre la gente, desconocido,
y miedo en esta casa tan vacía
que mía no es.
Doy pasos inseguros empeñado en recordar mi última alegría
y la copa en la mano que brindaba entre risas.
¿Y, ahora?
¿Quién es el dueño de este desconcierto?

RENACER

No soy el bastón de tu camino,
sin un nombre.
Ni la barca donde pasas el río
y no te moja.
Hace mucho existo sin que lo sepas,
entre barrotes.
Con mis recuerdos. Míos.
He llegado aquí con ilusiones
que hoy oscurece la tarde,
buscando un mundo que no es real.
¡Tantas veces llamé a la noche amiga!
Me yergo ahora con la fuerza de un titán
que acaba de ver su herida
y se retuerce de rabia y dolor.
Me acaricia el calor del sol
y el perfume del romero.
Conmigo vienen los sueños de todos los siglos.
Un nuevo nombre me ha dado la aurora.

RENUNCIA

Duele no haber probado una vida nueva.
Entre el valor y el miedo,
el abatimiento y la esperanza
corrieron los años sepultando todo
bajo una montaña de renuncias.
Fue sencillo claudicar en la apatía.
Sólo los decididos
salieron airosos.
¿Qué fue de aquella alegría que rodeaba
las rosas del esfuerzo
una vez pasada la tormenta?
En esa cobardía se resuelven mis horas,
envidiando el valor de los triunfos ajenos.

TÚ Y EL SILENCIO

Tú, el camino
por donde voy en la libertad de mi propio arbitrio.
Tú, el misterio y el silencio,
cuando preciso tu palabra y las mías no sirven.
Tú, la meta que asoma cada vez más allá,
haciendo del impulso un paso inseguro
cuando la sombra de la duda se viene,
con el frío como toda respuesta.
Y me hundo en esta calle tan oscura
descalzo en la nieve.
Por todo consuelo imagino que estás
y resurjo de mi propia ceniza.
Pero este andar sin cobijo
va haciendo jirones mi propia persona.

VUELAS

Esa mano en tus ojos
lentamente borra la luz
para que pises la hierba
respirando muy lento.
Cualquiera habría declinado el esfuerzo.
No tú.
Abraza tu cintura de modo angelical
y te nombra con voz amiga
desde el silencio.
Late la pausa del mundo.
Suspendida en su aliento,
te has lanzado al horizonte
sin rozar el suelo.
La música de un tiempo futuro disipa la bruma.
Ya no existe más que el placentero aletear de las aves
que acompañan tu vuelo.
Nace un mundo nuevo también.

AROMA DE NARDOS

Soñando un paraíso
llegan recuerdos de aromas vegetales
en la eterna batalla de la vida.
Lo que abarcan los ojos
se va tejiendo en claroscuros difusos
que rodean los latidos de mis sienes.
Está encerrada la libertad entre las paredes de los días
desde que huyó el amor
en la leve constancia de las horas.
Amor que viene cada noche en forma de recuerdo,
que ya conoce la aurora
de verme en su espejo sumergido.
Cuando el aroma de todos los nardos
se refugia cual ermitaño en mi almohada.

MENTIRA

¿Quién ha dado más en esta aventura?
¿Quién, más herido?
¿Cuándo soltó tu promesa su vuelo?
No has de llevar lo que juntos unimos
ni la luz total que embriagaba a la aurora.
Cayó tu imagen como el horizonte al barro
ya en el ocaso de la tarde.
Bajó de su pedestal y no la añoro,
ahora es polvo, falsa deidad sin brillo.
Pregunten si arde alguna luz de las que tú encendías,
si alguna espiga conserva tu huella.
No hay rastro de ti,
nadie ya por ti madruga.
Me miran extrañadas las retamas entre el verde de los prados,
no entienden que no exista llanto en mis pupilas,
que haya olvidado el eco de tu risa.

ABANDONO

Me abrazaba la noche sin nombre
como ladrón oculto,
en ese tipo de silencio que desea el alma.
Alma sin voz, ni mano, ni compañía,
derramada en la soledad,
como cárcel que se abrió sin testigos
para buscar la primera luz en el cielo,
cerca de la nada.
Donde la materia comienza a disolver
lentamente su forma.
Hacia un universo distinto
lejos del sentido, muy lejos,
traspasando las físicas leyes.
Se diluía mi ser dejando todas las fuerzas
a ras del suelo complacido.
No era yo, confundido entre las nubes.

CADA DÍA

Pesa el camino,
arrastra el calor de tantos veranos,
donde siempre amanecía
en el silencio de todos los recuerdos.
Un mensaje milenario se ha cumplido.
en él, la verdad inmaculada,
los cántaros colmados
y el sudor de haber andado.
Ningún esfuerzo en balde,
sólo la luz que acaricia el día
y sonríe entre amapolas.
Un regalo cada día, una ofrenda, ilusionada,
para llenarla de versos solitarios frente al mar,
un mar sin orillas que mira al infinito.

DEUDA

No importa que olvidaras las promesas.
Si en el silencio del cosmos aún resisten,
delante de tus pasos y en la memoria
amanecen cada día.
Sin tiempo, imperiosas, en lágrimas derramadas
por cualquier rincón,
más presentes cuanto más se ocultan.
Parte de ti es su rescoldo
su firma en tu huella.
Debes todavía el rasgo consiguiente
que merodea como una canción inacabada.
En estas sombras de hoy
clama una voz desobedecida
turbando la paz aún posible.

LA TARDE

A veces es ceniza,
sólo ceniza.
Otras veces, ascua encendida
que se resiste a morir.
Siempre conmueve en el silencio de su entraña,
belleza obediente que alargar quiere la luz.
El alba resucita con brillo nuevo,
regala el rosario de sus horas recién nacidas.
En ellas me sumerjo avaramente
prendiendo mi sueño al horizonte.
Es hora de espejismos o cantos de sirenas,
de sueños que al amanecer se duermen huérfanos,
bellos en el recuerdo.
Un brillo fugaz que quizá mañana tenga vida.

NOSTALGIAS

En el charco en que se miran los ramajes
hay un cierto frío de nostalgia
de otros días.
Era el tiempo de vivir sin un mañana,
¿para qué?
Eran los pájaros sin sueño
los dueños de la noche
en la abierta libertad de la inocencia.
Luna, cómplice de los sigilos,
abrigando una juventud eterna.
Han llevado las nubes esas voces
a las grietas de los tiempos que se fueron
y ahora somos navegantes solitarios
buscando el sol al otro lado del mar.
En la calma de esta soledad buscada
veo que la hierba renace,
un misterio que augura nueva vida
más allá del cielo y las estrellas.

TE LLAMAN LAS NUBES

Si en tus ojos caben todas las estrellas
y es tu mano un nido de ternura,
si sabes mirando hablar sin voz,
estás viva, de vida auténtica.
Ha latido tu corazón
al ritmo de las mieses ladeadas por el viento,
sabiendo dejar a cada uno
la felicidad de tu acogida sincera.
Nada sabes de iras o rencores,
aunque te haya marcado la vida
en este taller de aprendices perpetuos
que son los días.
Muchos nacen sin sonrisa y tú la pones,
¡Cómo no cantar tu nombre!
En la suerte de tenerte me recreo,
sólo el miedo a perderte me ensombrece.
Mas sé que pasarás sobre los siglos,
hasta las nubes te reclaman en la tarde.

SIN FECHA

Sin fecha,
el remanso de la nube me cobija
llegando hasta donde quiere el viento.
Porque el ansia de vivir
al límite de la lógica me lleva
aunque se quemen las alas bajo el sol.
Entre el cielo y la nada,
el paso absurdo del día
y el crepitar del deseo.
La soledad y el abismo,
el miedo y el abandono.
No hay verdad en la agonía de la duda.

TODO NUEVO

Libre ya de mí
despido como hoja sin olor
la pequeñez de mi infancia,
el yugo de tanto deber,
tanto miedo.
Vuelvo la espalda al abismo donde anduve.
Hoy comienzo mi propia andadura,
lo demás no importa.
Sola yo bajo las estrellas,
con toda la belleza que el día promete
y en mis ojos infunde la mirada de un niño curioso.
Hay lugar para la dicha,
antorcha que muestra al mundo
una luz diferente,
una nueva melodía.

Índice

Ediciones Vitruvio

Colección Baños del Carmen

Últimos libros publicados:

Rival del sol, poesía completa, de
Miguel Hernández

Escalando el muro, de Javier
Olalde

Almas entrelazadas, de José
Eduardo Mohedano

Mientras respiro, de María José
Pérez Grange

Raíz del corazón, de Modesto
González Lucas

Mitosis, de Domingo Luis
Hernández

Canto natural, de Juan Pedro
Carrasco García

21 de marzo, de Cova Sánchez-
Talón

Imago Amoris, de Eduardo
Martínez y Hernández

Casquería romántica, de Oscar
Magadán

Existir en voz baja, de Luis Oroz

Lugares y límites, de Sonia María
Riera Gata

Iconos, de Pedro López Lara

Diarios de la peste en Nueva York,
de Sergio Colina Martín

Onírico mundo, de Pepa Miranda

Ética y retórica, de Santiago A.
López Navia

La ciudad y el ruido, de Manel
Lacarta

Sólo soy un latido, de Teresa
Moncayo

Las fachas del límite, de Eduardo
Crespo

Maitemindua, de Luis Fernando
Crespo Navarro

Palabra dicha, de Ignacio Mª
Muñoz

Escala de grises, de Pablo González
Martín

Lluvia Amor Muerte Poetas, de
Isabela Basombrio Hoban64

Oh, lago, de Leonardo David
Segado